마음을
흔드는
가을

장영순 시집

마음을
흔드는
가을

한강

시인의 말

지금도 눈감으면 영화의 스크린처럼 스칩니다.
나뭇잎이 한 잎 두 잎 떨어져 내리던 고향의 오솔길
시인의 꿈을 꾸었던 모교 교정의 아카시아 벤치
서리꽃이 피는 나이에도 낙엽이 우수수 떨어지는
늦가을이 오면 어김없이 꿈 많은 소녀로 돌아갑니다.
이번 네 번째 시집을 내면서 많이 망설였습니다.
어설픈 제 모습을 다 보여 주는 것 같아 부끄럽습니다.

좀 더 아름다운 시를 가꾸며 풋풋했던 젊은 날을 회상하며
좋은 시인이 되고자 노력하겠습니다.

2024년 저무는 가을에
장영순

장영순 시집

마음을 흔드는 가을

차 례

□ 시인의 말

제1부 추억

눈 위에 쓴 편지 ——— 13
추억 ——— 14
젊은 날의 초상 ——— 15
카페에서 ——— 16
회상 ——— 17
그리운 파도 ——— 18
그리움 ——— 19
시인의 아내 ——— 20
망각의 바다 ——— 21
꽃잎이 질 때 ——— 22
바닷가의 연인 ——— 23
눈빛 ——— 24
살구꽃 여인 ——— 25
빨간 우산 ——— 26
낙엽이 우는 소리 ——— 27

제2부 가을 편지

봄이 오는 길목 ——— 31
공원의 봄 ——— 32

마음을 흔드는 가을 장영순 시집

33 ── 봄바람
34 ── 내 마음을 흔드는 가을
35 ── 처서에 내리는 비
36 ── 늦가을 비
37 ── 가을이 떠나가네
38 ── 가을 편지
39 ── 저무는 가을
40 ── 첫눈
41 ── 설경
42 ── 겨울 강에서
43 ── 겨울 바다
44 ── 하얀 겨울

제3부 풀꽃

47 ── 매화꽃
48 ── 아카시아꽃
49 ── 뱀딸기
50 ── 유월의 망초 꽃
51 ── 풀꽃
52 ── 야생화 앞에서
53 ── 해바라기

장영순 시집 마음을 흔드는 가을
차 례

호박꽃 ——— 54
양귀비꽃 ——— 55
하얀 수국 ——— 56
메밀꽃 ——— 57
순천만 갈대 ——— 58
갈대 ——— 59
가을 억새 ——— 60
낙엽 ——— 61

제4부 나그네

여행 ——— 65
징검다리의 사랑 ——— 66
봄이 왔는데 ——— 67
나그네 ——— 68
이름 모를 여인 ——— 69
기도의 힘 ——— 70
출근길 회상하며 ——— 71
감홍시 ——— 72
빈 의자 ——— 73
천둥소리 ——— 74
호수 안의 기러기 ——— 75

마음을 흔드는 가을　　　　　　　　　장영순 시집

76 ── 자전거
77 ── 보리밭
78 ── 설경 속에 야생마
79 ── 귀여운 고라니
80 ── 참새 떼

제5부 세월

83 ── 고향 집에서
84 ── 찔레꽃
85 ── 가을과 소녀
86 ── 고향
87 ── 모교의 늦가을
88 ── 바보의 눈물
89 ── 쑥을 뜯는 여인
90 ── 단감 속에 숨어 있는 우정
91 ── 아름다운 동반자
92 ── 옛 친구
93 ── 오월의 소녀
94 ── 세월
95 ── 거울 속 여인

장영순 시집　　　　　　　마음을 흔드는 가을

제6부 반월 호수

장수 산장에서 ——— 99
속리산의 가을 ——— 100
서귀포에서 ——— 101
여수에서 ——— 102
태화강에서 ——— 103
금강 ——— 104
목포항에서 ——— 105
반월 호수 ——— 106
월미도 저녁노을 ——— 107
다대포 해변에서 ——— 108
왕송 호수 ——— 109
해운대 ——— 110
밀양 영남루에서 ——— 111
남한강에서 ——— 112
궁평항에서 ——— 113
화개공원 전망대 ——— 114

추억

제1부

눈 위에 쓴 편지

하얀 눈 위에 편지를 써 본다
그리움을 꾹꾹 눌러 담으며
가슴에 시린 마음 허공을 향해
소리쳐 본다

심술궂은 눈보라가 나뭇가지를 흔들어
칼바람에 날아가는 아픈 사연들을
주섬주섬 주워 담으니
돌덩어리 하나가 매달린다

추억

유유히 흘러가는 시냇물에
파란 나뭇잎을 띄우던 소녀

마주 보는 눈빛이 수정같이 맑아
한마디 말도 못하고
뽀얀 먼지를 일으키며
달리는 버스에 몸을 싣고 떠났었네

뒤돌아보면 환하게 웃음 짓는
깊은 호수 같은 눈동자
강 건너 손짓하는 애달픔이어라

젊은 날의 초상

비상하는 날개를 달고
하늘 높이 날고자 했던
아름다운 꿈들이 목련화 꽃술 속에서
활짝 웃고 있네

순백의 가슴은 여전히 뛰고 있는데
계절 따라 피고 지는 꽃들이
출렁이는 파도를 타게 한다

가버린 추억은 그리움을 낳고
향기로운 풀 언덕 네잎클로버 풀꽃으로
월계관을 씌워 주던 고운 미소는
나를 보고 눈짓을 하네

카페에서

조용한 카페에서 흘러나오는 음악을 듣고 있으면
돌아갈 수 없는 먼 길을 와버린
안타까움에 눈시울을 적시게 한다

빈 수레를 타고 살아온 무수한 날들이 슬프게 하고
조약돌이라면 차라리 멀리멀리 던져 버리고 싶다

짙은 커피 한잔이 식어 가는 줄 모르고
흐르는 음악에 젖어 가슴속에 파고드는
아련함은 형용할 수 없는 파장을 일으키네

너무나 먼 길을 와버린 현실 앞에
후회란 단어가 졸졸 따라오며 묻고 있네

회상

짙은 속눈썹 사이로 흐르는
그대의 눈망울 보석같이 빛나고
온 세상이 하얗게 보였던 순박한
마음을 흔들던 불청객

걷고 있어도 저만치 달려가는
당신의 감성이 뒷동산 진달래 볼을 쿠비며
까르르 웃고 서 있네

그림자도 없는 야속한 세월은 가버리고
뒤돌아보며 울먹이는 당신은 무엇을 갈망하며
저항하는가
떠났던 봄은 남녘에서 돌아오고 있는데

그리운 파도

파도야 너의 부르짖음이 허공을 맴돌다
내 귓전에 메아리가 되어 돌아오네

반짝이는 모래 위에 그리운 얼굴 하나 그려 놓고
돌아서면 짓궂은 파도가 달려와 지우고 달아났지

뜨거운 태양이 쏟아지는 해변에
소라 껍질 주우며 우리들의 옛이야기 그리워
부서져 내리는 하얀 파도와 속삭여 본다

그리움

낙엽이 떨어져 거리마다 뒹굴면
떠나 버린 당신과의 추억이
낙엽 지는 거리마다 쌓이는데

찬서리 내리는 날 잎새도 울었건만
낙엽이 쌓이면 그리움도 너울 속에서
울고 있네

시인의 아내

예배당 화단에 빨간 봉선화
꽃잎을 따고 있는 시인의 모습은
한 송이 난초꽃처럼 고고하고 아름답다

밭고랑을 내는 주름살
하얀 머리카락 바람에 날리며
소년 같은 감성을 표현하는 것은
유리알같이 맑은 영혼을 가진
시인이기 때문이겠지

세월이 할퀴고 간
사랑하는 아내의 손톱에
봉선화 꽃물을 들이려는 시인의
마음은 설레인다

행복한 아내가 어릴 적 추억을 떠올리며
좋아라 함박웃음을 지을 것 같은 여인의 모습이
스크린 속으로 스쳐 간다

망각의 바다

어디에선가 그대 숨 쉬고 있는 줄 알았지
시퍼렇게 멍들어 식지 않는
그대의 분노가 파도 위에 들끓고

꿈속에서 눈을 뜨면
쪽빛 바다 파도가 고개를 흔들며
온갖 묘기를 연출해 낸다

때로는 차갑게 눈빛 한번 주지 않은 채
도도하게 파도만 타고 있던 그대
귓전에 맴도는 그대의 외마디 소리

그대의 가슴에 품은 한 조각의
그리움마저 빼앗아 푸른 바다에서
망각으로 잠들게 하나요

꽃잎이 질 때

아름다운 꽃봉오리 활짝 웃는 날
몰려드는 인파 속에 몸살을 앓는
벚꽃은 싫은 내색하지 않고 하루 종일
함박웃음으로 나그네를 반긴다

불청객 비가 후두둑 떨어질 때
행복한 미소를 짓던 입술에 맺히는
빗물은 누구를 향한 그리움의 눈물인가

바람이 스치고 지나가면
하얀 꽃잎은 빙글빙글 돌다가
보도 위에 살포시 내려앉아
봄비에 흠뻑 젖어 바라보는 눈빛은
짧은 만남이 아쉬워 눈망울을 굴리나

바닷가의 연인

오월의 햇살이 쏟아지는 해변
갈매기가 허기진 배를 채우느라
먹이를 던져 주는 사람들을 향해
번쩍이는 눈빛이 칼날 같아라

저 멀리 하얀 파도가 삼킬 듯이
달려왔다 달려가고 사랑의 모래성을 쌓고 허물며
젊은이들의 사랑이 농익어 갈 즈음

붉어진 저녁노을은 온갖 아름다운 꽃으로
수를 놓고 수평선 너머 실낱같은 그리움이
떠올라 가슴 시리게 한다

눈빛

마주 보며 고운 미소를 띠는
그대의 모습을 회상하면
저만치서 손짓하는 그대여

행복한 삶을 추구하면서
살아온 삶이 우리를 속이고
침묵과 안개 속으로 사라져 버린
그대의 영롱한 눈빛이여

살구꽃 여인

하얀 살구꽃이 봄바람에 웃고 있는데
황량한 바람이 싸늘하게 불어
살구꽃 여인의 가슴에 찾아든 공허함

세월은 강물에 떠밀려 소리 없이 흘러가고
어리석은 여인은
새털처럼 가벼운 행보를 못한 채
뒷걸음치고 있는가

시린 가슴에 봄바람이 손을 내밀고
아름답던 꽃은 자취도 없이 사라졌지만
살구꽃 여인의 마음속 깊은 곳에서
붉은 장미꽃이 손을 내밀고 있다는 걸
여인은 알고 있을까

빨간 우산

커피 향 가을바람에 날리며
도란도란 얘기를 나누던
사람은 떠나고 빈 의자 위에
이른 낙엽이 떨어진다

빨간 우산 속 의자는 다시 돌아올
누군가를 기다리고

가을 풍요 속에 산비둘기가
먹이를 찾아 예배당 느티나무에
날아와 울고 있네

낙엽이 우는 소리

거리엔 낙엽이 울고 있네
태양이 숨어 버린 시간

보도블록 위에 즐비하게 벗어놓은
외투 하나둘 주워 책갈피에 끼우며 못내
아쉬움을 감추는 눈물 하나

호숫가에 붉게 타는 저녁노을
돌아서는 발자국 위에 화려한
편지 한 통이 기다리고 있다
보고 싶어질 거라고

제2부 가을 편지

봄이 오는 길목

징검다리를 건너오시는 이가 있어
아지랑이 손잡고 임 마중 갔습니다

실개천 버들개지 사이로
살며시 얼굴을 붉히는 임을
오매불망 기다렸습니다

따뜻한 햇살이 지평선을 덮고
얼어붙은 대지를 녹이는 숨소리조차
잠든 생명들을 깨우는 봄바람 소리

꽃봉오리 툭툭 터져
해산의 고통 속에 앙증맞은
하얀 매화꽃이 활짝 웃으며 나를 반기는구려

공원의 봄

공원 안에 봄이 가득하다
산수유 노란 입술이 배시시 열리고
찬바람에 멀리 떠났던 하얀 백로가
돌아와 여기산*을 한가롭게 날고 있다

언제나 텅 빈 의자를 지키고 있던 벚나무
몽실몽실 벚꽃이 활짝 피는 날
봄바람에 실려 살랑살랑 춤을 추는
숙녀가 의자에 앉아 낭만을 즐기면
좋겠다

※여기산: 수원 화서동에 있는 산

봄바람

먼 산에 군데군데 잔설이 남아 있는데
어디선가 봄은 지평선을 향해 달려오나 보다

봄바람이 잠자는 생명을 깨우느라
밤새도록 나뭇가지를 흔들고
창문을 노크하는 소리에 잠 못 이루네

바람이 울어대는 이 밤
봄바람이 파도를 휘감고
넘실넘실 춤을 추고 있을
만리포 해변으로 달려가고 싶다

내 마음을 흔드는 가을

가을은 내 마음을 송두리째 흔든다
곡예사를 춤을 추게 하는 가을

스산한 바람이 울고 간 뜨락에
떨어져 뒹구는 낙엽도 여린 마음을 울게 하네

하얀 목화솜처럼 듬뿍 스며드는 가을의 진한 향취
가을엔 열차를 타고 어디론가 훌쩍 떠나고 싶다

창밖을 바라보며 가을이 익어 가는 풍경을
물감을 풀어놓고 붓으로 그려내는
화가가 되고 싶어라

처서에 내리는 비

파란 나뭇잎에 비가 내린다
간사한 사람의 마음을 씻어 내듯
온종일 비가 추적추적 내린다

처서가 지나고 조석으로 시원한
바람이 불어 지루했던 여름날의
뜨거운 태양열을 잠시 잊고 있을 때

태풍이 가을이 돌아오는 길목에
바다를 뒤엎고 자연 위에 벌렁 누워
휘파람을 불다가 인생들이 곤히 잠든 밤에
창문을 뒤흔들어 놓고
어디론가 홀연히 떠나가네

늦가을 비

겨울을 재촉하는 비가 내린다
바람에 우수수 떨어지는 낙엽들이
나풀나풀 춤을 추는 나비 같다

젊음을 자랑했던 검푸른 아청빛
붉은 옷으로 갈아입고
아름다움을 뽐내던 그대도 빗속으로
떠나려 하는가

낙엽 지는 오솔길 그대와 손잡고
걸어 보지도 않은 채 작별하기엔
너무 아쉬운 그대여
빗물에 돛단배를 타고 떠났다가
붉은 산허리 휘감고 다시 돌아오게나

가을이 떠나가네

아직 그대를 맞이할 준비도 못했는데
어느새 그대는 떠날 채비를 서두르고 있네요

소슬바람이 볼을 스치면 떨리는
가슴으로 돌아오는 그대를 반겼지만
불쑥 찾아온 고난 속에
까마득히 그대를 잊고 있었구려

잔주름 사이로 소리 없이
흘러내리는 눈물을 훔치며
출근길에 하나둘 떨어지는
낙엽을 바라보다 작별이 아쉬워
가을이여 벌써 떠나려 하는가

낙엽이 수북이 쌓이는 벤치가
너무 쓸쓸해 보이는구려
가을 아침에

가을 편지

하늘의 뭉게구름이 그리움을 낳고
울밑에 귀뚜라미 울음소리가
편지를 쓰게 하네

스산한 바람은 메마른 심령을
흔들어 기도하게 하고
알알이 익어 고개 숙인 열매는
교만하지 말라고 교훈을 주네

가을엔 감성의 풍선이 자꾸만
떠나라 하네

흐르는 음악도 커피 향에 취해
단풍잎에 편지를 쓰라고 부추기고
빨간 우체통에 먼지를 털어내고
낙엽에 실은 독백을 띄워 보낸다

저무는 가을

갈바람 따라 산속을 헤매는 동안
그대에게 눈길 한번 보내지 못했네

푸른 가을 창공만 바라보아도 울컥했던
감성들이 두꺼비 등짝처럼 말라
영혼은 무엇을 추구하고 있었나

거리마다 갈바람이 흔들고 간 자리에
예쁜 단풍잎이 즐비하게 쌓이고
낙엽 지는 숲속 벤치에 앉아
빨간 단풍잎 모자 위에 씌우며
추억 속에 빠져 본다

언제나 그랬듯이 가을은 짧은 만남이기에
아쉬운 계절
벌써 저만치 멀어져 가는 그대를 보내야 하는
아쉬움 하나 감추며 고개를 떨군다

첫눈

밤새워 당신의 창문을 흔들리라
깊은 밤 꿈속을 여행하고 있을
당신의 행복한 밤을

얼어붙은 볼에 당신의 따뜻한
입술을 포갤 때 파르르 떠는
나무 잎새가 되리

기별도 없이 불쑥 찾아온
하얀 당신의 손을 잡고
오솔길 발자국을 남기며
한없이 걷고 싶어라

설경

밤사이 누가 한 폭의 아름다운
그림을 그려 놓고 황급히 떠났는가

아무도 밟지 않는 눈길을
나 홀로 걸을 때
뽀드득 소리까지 정겹게 들린다

눈 덮인 길에 발자국을 남기고
카메라에 설경을 담아내며
함성을 질러보는 마음은 아직도
풋풋한 소녀다

예배당 종탑 위에 까치가 울고
소나무 가지는 더위에 지친
농부의 어깨처럼 축 늘어져 있네

겨울 강에서

얼어붙은 강가에 눈보라가 치면
고개 숙인 갈대의 허리는
꼬부랑 할머니가 된다

눈보라가 가슴을 치고 쓰러져 누워도
갈대밭 외길을 걸으며 낭만을 즐기는
하얀 서리꽃이 되고 싶다

물새는 날아가 돌아오지 않고
강물은 얼어붙어 벙어리가 되어도
흐느껴 울지 않으리

겨울 강가에 칼바람을
온몸으로 맞고 서 있는 강인한
갈대처럼 쓰러지지 않으리

겨울 바다

아무도 찾아오지 않는 고적한 겨울 바다
은모래 빛 눈부시도록 반짝이는 해변
붉은 석양은 파도와 그네를 타고 있다

칼바람이 몰고 오는 하얀 파도는
해변 위에 뒹굴고 목 놓아 불러보는
이름은 허공에서 산산이 부서진다

겨울 바다는 야망이 넘치는 사내 같아
펄쩍 뛰며 포효하는 너의 울부짖음은
누구를 향한 그리움을 토해 내는가

하얀 겨울

아직 하얀 눈이 소복이 내리는데
낙엽 진 가을을 그리며 흰 눈 내리는
겨울을 기다리는가

미련 없이 황금마차를 타고 떠났던
당신이 돌아와 흘리는 뜨거운 눈물은
변해 버린 인생들의 암울한 마음 때문일까

낙엽 지는 가을엔 벤치가 그립고
겨울은 싸륵싸륵 눈꽃이 쌓이고
고향 집 부엌에서 불을 피우던
어머니가 그리운 밤이다

제3부

풀꽃

매화꽃

그대 앞에 서면
난 벙어리가 되는구려

그윽한 그대 향기에 취하고
흩날리는 하얀 꽃잎 속에
얼굴을 묻으면 다독이는
봄바람의 온기 속에 눈물이 나요

매화 꽃밭에 몰래 숨어든 그대의
콜록 기침 소리에 하얀 꽃잎이
우수수 떨어져 꽃길을 만들어
어서 오라 손짓을 하는구려

아카시아꽃

오월의 실바람 타고 달려와
하얀 웃음꽃 피우는 그대의 향취 속에
꿈틀거리는 그리운 추억 하나

오랜 세월 가슴속 차곡차곡 쌓아 온
이야기가 너무 많아 보따리 하나 풀어놓고
그대와 하얀 밤을 지새우고 싶구려

영글지 않았던 가슴을 향해
뿜어내는 향취는 순수했던 소녀의
가슴을 떨리게 한다

오월의 하얀 신부가 주렁주렁
진주목걸이 걸고 뽐내는 곁에서
눈을 지그시 감으면

모교 동강의 아카시아 숲속에서
깔깔 웃고 있는 소녀가
어서 오라 손짓을 하네

뱀딸기

올망졸망 어여쁜 그대를
누가 뱀딸기라 불렀을까
아침 이슬이 내려와 포옹하며
붉은 입술을 훔치고 숨어 버렸네

귀여운 얼굴 차마 그대를
입속에 넣기엔 안쓰러워
사진 속에 담아 보네

빨간 그대의 얼굴 속에는
유년의 추억이 나래를 펴고
감꽃이 피면 풀 위에 얼굴을 붉히던
그대의 모습이 아련한 추억을
떠올리게 하는구려

유월의 망초 꽃

하얀 망초여 바람에 흐느껴 울지 마오
바람이 있어 더 아름다운 풍경을 연출하는 거요
길섶에 외로이 피었다고 서러워 마오

지나가는 나그네가 그대를 보고 감탄사를 던지며
볼을 부벼 주며 사랑을 한 바가지
쏟아 놓고 지나가네요

가끔 찔끔찔끔 게으르게 내리는 빗물에
고양이 세수도 하지만 날아드는 벌 나비가
친구가 되어 주며 쉬었다 가네요

새들도 외로워 울고 인생도 외로움에
노래를 부르지
유월의 망초여 허리춤에 숨어든
소슬바람과 손잡고 마음껏 춤을 추어요

풀꽃

호젓한 들길을 걷다가
하루 종일 나팔만 불고 있는
풀꽃을 만났다

화려하지도 않은데 가던 발걸음을
멈추게 하는 풀꽃의 매력은 무엇일까

순박한 시골 여인네같이
투박한 손을 흔들어 주는 풀꽃
밟히고 찢겨도 꿋꿋하게 서 있는
강인한 의지

누가 반겨 주지 않아도 홀로 피었다
저버리는 풀꽃이라 더 예쁘다

밤에는 별들과 속삭이고
아침 안개는 이불이 되어 덮어 주고
붉은 해가 떠오르면 함초롬히 피어나는
아름다운 풀꽃이라 더 아름답다

야생화 앞에서

한 떨기 들꽃이 아름답다
백옥처럼 맑은 미소를 띠며
수줍게 피어 있는 들꽃 앞에서
눈이 시리도록 뜨거운 햇살이 야속하다

유리알처럼 맑은 눈동자
실크같이 부드러운 살결
초록빛 잡초를 울리고 가는 한줄기 소나기

때로는 화려하지 않는 순수한
들꽃에게 강인한 인내와 생명의 소중함을
배우며 부족한 자신을 돌아본다

해바라기

해바라기 당신이 태양 속에
일광욕을 즐길 때
나는 당신이 만들어 준 시원한
그늘 아래서 명상에 잠겼습니다

석양은 지고 어둠이 살포시
내려앉는 시간 곱게 분단장하고
한 떨기 달맞이꽃으로 피어나
사랑하는 당신을 맞이하고 싶었습니다

당신이 고개를 떨구고
깊은 숙면을 취할 때
물끄러미 키다리 당신을 올려다보며
행복한 미소를 짓고 싶구려

호박꽃

아름다운 꽃이라고 함부로 꺾지 마라
붉은 선홍빛 피를 흘려야 하는
아픔을 주지 마라

화려하지 않다고 천대하지 마라
노란 호박꽃 지나가는 나그네
눈길 한번 주지 않아도

날아가던 벌떼들은 호박꽃
푸짐한 가슴에 파묻혀
허기진 배를 채우고 있지 않는가

양귀비꽃

선홍빛 붉은 가슴은 누구를 향한
핏빛 그리움인가

그대 가슴에 소용돌이치던 꿈들이
떠나갈 때 헐떡이는 거친 숨소리
울고 싶도록 고개를 저어 봐도
요염한 입술은 자꾸만 파르르 떨고 있네

사대부들의 맑은 영혼을 송두리째
흔들던 그대의 화려한 모습도 영원할 수 없어
빨간 꽃잎을 바람에 날리며 떠나가네

하얀 수국

보름달 하나가 예배당 뒤뜰에
환하게 어둠을 밝히고 있네

넉넉한 맏며느리같이 후덕한
모습은 바라만 봐도 마음이
훈훈해진다

화려한 옷을 입지 않았지만
순백의 자태는 너무 신선하고 아름답다

삶의 무게에 실려 낭만을 잊어버린 채
세상 짐을 다 지고 살아가는 인생들에게
쉬어 가는 법을 말해 주는 아름다운 꽃이여

메밀꽃

고향 산기슭에 하늘만 쳐다보는 천수답
소금을 뿌려 놓은 듯 하얀 메밀꽃 속에
살며시 숨어든 예쁜 사랑

작은 가슴에 메아리가 되어 돌아오던 밤
아름다운 사랑을 꿈꾸던 청순한 소녀는

달빛이 빙그레 웃고 있는 메밀꽃밭을 걸으며
사랑 탑을 쌓았다가 허물며
가을 달그림자 따라 시간 가는 줄 모르고
홀로 사색에 젖어 걷고 있었네

순천만 갈대

순천만 갈대밭에 수많은 사람들이
쏟아내는 애환들을 갈대가 끌어안고
가슴앓이를 한다

푸른 바다를 이루는 넓은 갈대밭
가녀린 몸짓으로 오고가는 사람들과
인사를 나누는 갈대와 포옹을 하며 끝없이
환호성을 질러대는 인파들

사람들이 줄지어 사진을 찍고
마음껏 웃으며 행복해하는 모습은
보는 이도 흐뭇하다

석양이 질 때 하나둘 떠나가는 사람들
아쉬운 작별을 온몸으로 인사하는
눈빛은 또 만날 것을 기약하는 갈대여

갈대

찬 서리에 겸손을 배워
고개 숙인 갈대여
가녀린 허리 춤을 추며
하얀 겨울을 노래를 하는가

차가운 물속을 헤엄쳐 노니는
청둥오리 떼
고요히 흐르는 물소리
풍경 속으로 풍덩 빠져 보는
겨울의 낭만

갈대숲 속으로 숨어든 칼바람
가슴 조이다 울어 버린 갈대여

가을 억새

은빛 물결 춤추는 억새의 무리를 보았는가
굽이굽이 돌아와 흘러가는 물소리를 들었는가

눈부시도록 물결치는 억새밭으로
길 떠나는 나그네의 함성 소리가
메아리가 되어 내 가슴에 안기네

실개천 타고 흘러가는 시냇물 소리 들었는가
세상 소문 귀 닫고 바람 소리 물소리
하얀 속살결 조약돌과 포옹하며
주고받는 사연은 무엇일까

비단 이불을 펴놓은 듯
넘실넘실 춤추는 춤사위를 보았는가
수많은 사람 사랑의 탑을 높이 쌓아올려 놓고
무너져 내리는 이별에 노랫소리 귓전에 들리는가

낙엽

수원성 예배당 뒤뜰에 울긋불긋
예쁜 양탄자를 깔아 놓고

누군가를 기다리며 낙엽을 지르밟고
어설픈 멋을 부려 보는 여인
낙엽처럼 젊음도 퇴색되어 푸석푸석한
모습에 씁쓸한 미소를 지어 본다

갈바람이 줄줄이 시상을 엮어
인적 없는 거리로 배회하며
스쳐 가는 수많은 생각들

산야에 물감을 풀며 찾아온 그대는
어느새 입고 있던 화려한 실루엣을 벗어놓고
소슬바람 따라 떠나려 하는가

제4부

나그네

여행

부산행 열차를 타고 떠나 본다
공허함에 훌쩍 어디론가 홀로
떠나고 싶었던 겨울 여행

차창 밖에 스치고 지나가는 농촌의 풍경
겨울 들녘은 농부들의 희로애락이
고스란히 남아 있다

차라리 고향의 흙냄새 머리에 이고
한 쌍의 비둘기로 살았더라면 행복했을까
희끗희끗 서리꽃 빙그레 웃고 있는데
온갖 상념들이 발을 굴리게 한다

징검다리의 사랑

석양이 붉게 타는 시간
서호 호수 징검다리를
건너는 풋풋한 사랑

소설 소나기를 연상하듯
한 폭의 아름다운 풍경 속에
뽀얀 소녀의 까만 눈동자

물오른 상기된 얼굴을 붉히는 소년
순박한 사랑이 소나기 속에
떨림을 보는 것 같다

징검다리 밑에 하얀 백로도
물끄러미 바라보며
평화롭게 노닐고 있네

봄이 왔는데

칼바람에 떠났던 그대가 돌아왔건만
얼싸안고 반겨 주지 못했네

세상은 온통 코로나 때문에 몸살을 앓고
그대가 실개천으로 돌아올 때
마중도 하지 못했구려

아름다운 그대를 오매불망 기다렸지만
황소 입에 망을 씌워 쟁기를 갈 듯이
거리마다 하얀 망을 쓰고 총총히 걸어가는 행인들

노란 산수유꽃이 피어 활짝 웃고 있는데
실려 오는 봄바람이 두려워 입술을 감추는
인생들이 측은하다

나그네

야생화 하얗게 피어 있는 풀밭에서
한가롭게 트럼펫을 불고 있는 나그네

서호 호수 돌아오는 길목에
은은한 음률은 텅 빈 가슴팍으로 파고들어
까닭 없는 울림으로 독백에 취하게 한다

나그네는 소설 같은 삶을 살았을까
저리도 처량하게 트럼펫을 부는
나그네의 서러움이 고스란히 듣는
사람에게 전해진다

무슨 사연이 그리 많아
석양이 지는 이 시간에도
떠날 줄 모르는 나그네

이름 모를 여인

갈바람도 울고 가는 공원에
도란도란 여인들의 얘기 소리

서걱이는 억새의 울음도 아랑곳하지 않고
울었다 웃었다 희로애락에 심취되어
소설책 한 권을 써내려간다

갈바람이 심술을 부리며
모자를 바람에 날려 버린 순간
여인은 소리치며 달려가네

가을이란 계절은 누구나 시인을 만든다
아름답게 핀 코스모스꽃 속에 숨어든
나비들이 마음껏 춤을 추며 가을을 즐긴다

기도의 힘

파도같이 밀려오는 두려움도
십자가 앞에 두 손을 모으면
마음에 평화가 찾아온다

울고 싶도록 힘들 때
아무도 없는 성전에 나와 주님께
목 놓아 소리쳐 부르짖어 기도드리면

주님이 울먹이는 딸의 등을 어루만져 주시며
내가 너를 고아와 같이 버려두지 않고
세상 끝날 때까지 너와 함께 하리라
온유한 주님의 음성을 듣는다

볼을 타고 흐르는 눈물을 닦아 주시는
주님의 임마누엘 은총을 잊을 수 없다

출근길 회상하며

강산이 수십 바퀴를 돌아오는 세월 동안
항상 허둥대며 뛰어다녔던 출근길
모든 것 내려놓고 천천히 걷고 있노라니
감회가 새롭다

암울했던 시절에 주님께 부름을 받아
항상 달리며 살아왔기에 오늘의 내가 있겠지
그 옛날엔 모내기를 하던 논길이 지금 공원이 되어
예배당 주변이 더 아름답다

개구리 울음소리가 예배당 밖에서 들려오면
고향 향수에 젖고 화서역을 지나가는 열차 소리에
울컥했던 그날들 뒤돌아보면
모든 것이 주님의 은혜였네

감홍시

라르고 카페 창가에 가녀린
감나무에 빨간 홍시 하나가 지나가는
나그네의 사랑을 듬뿍 받고 있을 때

창공을 날아가던 까치가 홍시를 보고
허기진 배를 채우느라 맛있게 먹는
모습이 안타깝다

하얀 눈이라도 내리면 따뜻한
포옹이라도 하며 카메라에
예쁜 풍경을 담고 싶었는데

까치 입속에 송두리째
홍시가 쏙 들어갈 때
아! 야속한 까치여

빈 의자

조석으로 쓰다듬어 빛이 나던 의자
세월 때가 묻어 콧물을 훌쩍이고 있네

날마다 닦아 주던 여인은 떠나고
덩그러니 빈 의자를 바라보니
울며 떠난 그대가 그립구려

언제나 돌아 보이는 손때 묻은
수원성의 숲속 빈 의자

떠나간 그대여
낙엽이 수북이 쌓이는 날 돌아와
빈 의자에 앉아
깊어 가는 가을의 만추에
취해 보시구려

천둥소리

고달픈 인생들이 고요히 잠든 밤에
먹구름 속에 숨어들어 천하를 호령하며
천둥 번개로 고요한 도시의 밤을 뒤흔든다

창문을 타고 흘러내리는 그대의
폭포수 같은 눈물은 누구를 증오하다
흘리는 하얀 눈물인가

충혈된 눈동자는 용광로 속의
활활 타오르는 불꽃을 피우고
광란의 소나기는 소리치며 뛰어가는
얼룩말 같아라

호수 안의 기러기

서호 호수 기러기 떼 울음소리
호수 언저리를 흔들고
홀로 걸어가는 여인의 발걸음이 쓸쓸하다

계절 따라 옷을 갈아입는 서호 호수
독백을 토해 내며 호수 안에 풍경을
담아내며 어느 시인이 사랑하는 여인과
이별의 노래를 불렀다던 기러기
얼마나 아팠을까

이별의 강을 건넜으니 시린 가슴을
위로하는 듯 목 놓아 기러기가 울며
어디론가 날아가네

자전거

아름다운 단풍이 불이 타고 있는 가을 길
자전거를 타고 휘파람을 불며 거리를 질주하는
젊은 청년은 아침에 불쑥 솟아오르는 태양 같아라

향기로운 국화의 향기는 길 가던
사람들의 발걸음을 멈추게 하고
푸른 바다를 이루던 나무 잎새
오색찬란한 옷을 입고 수채화를 그린다

단풍이 떨어지고 나면
하얀 눈이 내려와 앙상한 나뭇가지에
소복이 앉아 도란도란 얘기를 나누고

작가들은 길다란 카메라로
멋진 설경을 찍으며
행복한 미소를 짓겠지

보리밭

파란 물결 넘실넘실 춤추는 보리밭 길
지아비 지게 뒤를 총총 따라가는 아낙네의
발걸음이 가볍다

소박한 농촌의 평화로운 한 폭의 풍경화
방울방울 맺히는 땀을 닦아 주는 여인이
너무 행복해 보인다

고향 사립문 밖에 푸른 보리밭
황금빛으로 물들고 농부의 시퍼런
낫은 춤추는 광대였어라

지그시 눈을 감으면 환영처럼 달려오는
코흘리개 소년의 보리피리 소리
귓전에 맴도는구려

설경 속에 야생마

하얀 설경이 아름답게 수를 놓고 있는 산속
외투를 벗어 던지고 눈 속을 달리는 야생마

엄동설한에 무슨 사연이 있길래
활활 타오르는 불덩이를 가슴에 품고
거친 숨을 몰아쉬며 달리고 있을까

눈 덮인 산하를 호령하는 거친 자연인
헛되이 살아온 세월을
하얀 눈 속에 묻어 버리고
다시 새롭게 태어나고자
눈 속을 달리고 또 달리는가

귀여운 고라니

누구를 만났기에 단풍 속으로
정신없이 달려가는가
너는 태곳적부터 평화를
유산으로 물려받아 그리도 온순한가

어느 가을 도토리 줍다가
부시럭 소리에 돌아보니
나를 보고 화들짝 놀라
정신없이 내리막길을 달리는 고라니

새가슴처럼 팔딱이는 여린 모습
산노루 기백에 찬 긴 뿔을 자랑하며
씩씩하게 걸어가는 모습을 좀 보게나

참새 떼

탑동 들녘에 농부들의 땀 흘린
열매가 주렁주렁 매달려 보는 이가
뿌듯하다

참새 떼가 어디서 날아왔는지
옹기종기 모여 신나게 노래를 부르고
팔딱이는 심장은 무엇이 두려운지
기침 소리에도 화들짝 놀라
어디론가 떼를 지어 날아간다

누군가가 새처럼 훨훨 날고 싶다 했던가
공중을 비행하며 자유롭게 날아가는
한 마리 새가 부러운 사람들의 삶의 무게여

제5부 세월

고향 집에서

복숭아꽃 아름답게 피는 날에
떠나온 고향 집
사랑채 아버지의 기침 소리 잠들고
주인이 떠나 버린 텅 빈 돌담 사이
철 지난 구기자 열매가 얼굴을 붉히며 반겨 주네

코흘리개 우리 사 남매 때 묻은 문고리
겨울바람도 서러운지 울고 가는구려

사립문 밖에 손을 흔들어 주시던
어머니의 모습은 허름한 부엌
가마솥 앞에서 웃고 계시네

산천은 가는 세월에 변하고
뒷동산 그네를 타던 댕기머리 처녀들은
세월의 흔적을 남기며 어디에서
둥지를 틀고 살고 있으려나

찔레꽃

고향 뒷동산에 하얗게 피어 있는
탐스런 찔레꽃이 나를 반겨 주네

어릴 적 찔레순을 꺾어 먹었던 기억들
흐르는 세월에 산천도 변하고

시냇물 흐르는 물소리
송사리 떼 쫓아 다녔던 친구들
벌거숭이 개구쟁이들의 웃음소리 잠들고
갈대만 무성하다

과수원에 사과가 주렁주렁 매달려
뜨거운 태양에 일광욕을 즐기고
농부들의 그을린 얼굴에 구슬땀이
영롱한 아침 이슬 같다

가을과 소녀

가을이 알알이 영글어 가는 언덕 위에
노란 들국화 꽃이 소담스럽게 피면
꽃잎을 책갈피에 끼우며 누군가에게
긴 편지를 쓰며 잠 못 이루던 소녀여

가을밤 초롱초롱 빛나던 별들을 헤아리며
떨리던 가슴은 누구를 향한
그리움이었던가

스산한 가을바람이 울고 가면
시냇가 버드나무 잎새가 곡마단의 그네를 타던
오솔길을 걸으며 상념에 젖었던 뽀얀 소녀는
지금 어디로 가고 있을까

고향

기다려 주는 이 없어도 고향으로 간다
수많은 사람들 마을 어귀 느티나무 아래서
더위를 식히며 담소를 나누던 고향

시냇가 수양버들 산들바람에 춤추면
연분홍 복사꽃 진달래 다투어 피던
내 고향으로 오늘도 간다

밤하늘에 별빛이 쏟아져 내리면
밤새워 느티나무에 앉아 울어대던
소쩍새 울음소리 그립고

텅 빈 고향 집 마당에서 어머니가
어서 와라 반겨 줄 것 같아
내 마음은 고향으로 간다

모교의 늦가을

모교의 숲속에 가을이 저물어
낙엽이 바람에 뒹굴다 운동장
모퉁이에 수북이 쌓일 때

소녀의 가슴을 콩닥콩닥 뛰게 했던
아카시아 숲속의 벤치를 잊지 못하지

운동장에 야구 방망이를
휘두르던 소년은 지금쯤
살구꽃 한 소쿠리 이고서 어디론가
바쁘게 걸어가고 있겠지

빨간 단풍잎을 책갈피에 끼우던
문학 소녀 귀뚜라미 울음소리에도
천리 길 뛰는 가슴을 잠재우지 못했다

바보의 눈물

언제 고향을 떠났노
앵둣빛 고운 날에
기차를 타고 멀리멀리 떠났지

사랑채 가마솥 뚜껑을 드럼 삼아
장단 맞춰 노래를 부르던 소녀는
어머니의 시린 가슴을 뒤로하고
미지의 세계로 훌쩍 떠나왔네

돌아가는 시나리오를 정지시키고
설익은 풋사과 하나 강물에 띄우며
돌아서 울었던 그 소녀는
어느새 눈가에 잔주름이 춤을 추고 있네

쑥을 뜯는 여인

햇살이 쏟아지는 봄날
쑥을 뜯고 있는 여인은
고향 향수에 젖어 콧노래를 부른다

파란 얼굴을 살며시 내밀며
수줍은 미소를 띄우는 쑥을 바라보니
고향 들녘이 눈에 선하다

하얀 손 위에 살포시 내려앉는
태양은 장난을 치고
금방 검게 그을린 손등을 보며
호들갑을 떠는 여인

논두렁 밑에 노오란 민들레꽃
반갑게 인사를 하고
누가 가꾸지 않아도 한 떨기
예쁜 꽃으로 피어나 기쁨을 안겨 주는
민들레꽃이 아름답다

단감 속에 숨어 있는 우정

둥글둥글 사대부가의 맏며느리같이
후덕하게 생긴 단감 속에
깊은 우정이 배어 있어 한입 깨물어 본다

주홍빛 얼굴 속에 스쳐 가는 모습이
불혹의 나이에도 꽃봉오리 몽실몽실
맺힐 때 만난 우정이 빛바래지 않음이
눈시울을 적신다

높은 감나무에 장대를 들고
단감을 하나둘 따며 못난 사람
떠올렸을 그대를 생각하면
영롱한 눈빛으로 가을바람에게
던진 얘기는 무엇일까

아름다운 동반자

에메랄드빛 바닷가에서
일광욕을 즐기며 어린아이같이
깔깔 웃는 해맑은 웃음소리가
해변을 돌아와 내 귓전에서 속삭인다

싱그럽고 풋풋한 젊은 날에 만나
바쁜 삶의 굴레에서 쳇바퀴 돌듯
열심히 살아온 아름다운 동반자

세월의 강물에 떠밀려
어느새 하얀 서리꽃 하나둘 피어나고
뜨거운 여름날의 먼 여행을 떠나와
푸른 바다에 풍덩 몸을 맡긴 채
마주 보는 눈빛에 전율이 짜르르 흐르고 있었네

옛 친구

가을이 달려오는 길목에 만나
하얀 밤을 꼬박 지새우며 나누어도
못다 한 이야기

강산이 돌고 돌아온 세월
가슴에 묻어 둔 옛이야기 꺼내어 놓고
단편의 소설을 엮어 가던 옛 친구

어릴 적 불렀던 정다운 그 이름
불러도 불러도 어색하지 않은
고향 집 묵은 된장 맛 같은
구수한 친구의 얼굴이 목화솜처럼
활짝 웃고 있네

오월의 소녀

오월의 아카시아 향기 속에 묻혀
한 소쿠리 꿈을 끌어안고
벤치에 앉아 시를 읊조리며
사색에 잠겼던 소녀여

오월의 숲속 벤치에 앉아
꿈을 꾸던 소녀는 어디 가고
허리가 휘어져 듬성듬성
흰 꽃을 피우는
늙은 노파는 오월의 햇살에
일광욕을 즐기네

세월

고요히 흐르는 강물은
나를 보고 쉬엄쉬엄 오라고
손짓을 하네

아무리 새색시 걸음을 걸어도
눈 깜짝하는 사이 지구를 한 바퀴
돌아오는구려

당신이 황급히 지나갈 때면
짜르르 윤기 나는 삼단 머리
하얀 살구꽃을 피우고

붉고 고왔던 얼굴엔 창문이 닫히고
맷돌이 흔들바위가 되는구려

얼굴도 그림자도 없는 그대 앞에
어리석은 인생들은 후회와 아쉬움에
바보처럼 눈시울을 적시는구려

거울 속 여인

거울 안에 웃고 있는 여인
어디서 많이 본 듯한 모습인데
눈가에 주름이 지고 머리엔
희끗희끗 하얀 수를 놓고 있네

오월의 풋풋한 풀 향기 날리며
거리를 활보했던 여인이 그대란 말인가
꽃잎 속에서도 나를 보고
흐르는 시냇물 소리에도
내 그림자를 찾는다

매화꽃 떨어지고 베갯잇에
흘린 눈물이 꽃다운 얼굴을 할퀴고
야속하게 가버렸구려

제6부 반월 호수

장수 산장에서

산장 마당에 서니 오월의 싱그러운 바람이
불어와 나를 반기고

밤하늘에 반짝이는 별빛이 쏟아질 것 같아
모자를 눌러쓰고 마루에 걸터앉으니
어둠을 뚫고 들려오는 소쩍새 울음소리가
고요한 산장의 적막을 깨뜨린다

칠흑같이 어두운 밤 마당에 서성이며
밤하늘에 별을 헤아려 본다
고향 향수에 흠뻑 젖어 잠 못 이루고
산골의 밤은 점점 깊어만 간다

속리산의 가을

골짜기마다 빨간 불이 훨훨 타고 있다
갈바람 헛기침 소리에 화들짝 놀란 단풍잎
우수수 떨어져 빙글빙글 춤을 춘다

예쁜 꽃들도 바람에 흔들리며 피어나고
지나가는 행인들의 감탄 소리에
서러움을 토해 내는 당신은 눈물을 떨구고 있네

축 처진 그대의 어깨를 다독이는 가을 햇살
시냇물에 떨어진 낙엽은 먼 여행길을 떠나고
물끄러미 바라보는 눈빛은 한 편의 영화를 찍는다

서귀포에서

하얀 물거품을 둘둘 말아
시커먼 바위를 껑충 뛰어오르며
포효하는 성난 파도여

소리치며 환호하는 여인은
까맣게 잊어버린 기억 하나둘
꺼내어 보며 파도처럼 밀려오는
아련한 그리움 한 자락에 울컥
눈물을 쏟아낸다

비바람이 하얀 당신의 등에 업혀
숨 가쁘게 달려갔다 달려오며
부르짖는 외마디 소리가
서귀포 해변을 가득 채운다

여수에서

아름다운 여수 밤바다
휘황찬란한 네온사인의 불빛이
바닷속에 반영되어 아름답다

연인들은 시간 가는 줄 모르고
해변을 거닐고 불어오는 싱그러운
바람이 내 마음을 훅 뺏어 가네

따뜻한 봄이 기다려진다
벚꽃들이 만개하면 얼마나 아름다울까
벌써 돌아올 봄을 기다리는 마음이 설렌다

태화강에서

노란 유채꽃 사이로 말괄량이 소녀가
흥얼 흥얼거리는 노랫소리
아름다운 풍경을 카메라에 담으며
감탄사를 토해 본다

강물은 조용한 여인처럼
침묵을 지키며 어디론가 흘러간다

산들바람에 춤을 추는 유채꽃
물끄러미 바라보는 눈가에 이슬이
송알송알 맺혀 여인의 발걸음이 무겁다

금강

금강의 물살은 조용한 여인의 숨결 같다
갈대밭에 몰래 숨어든 바람이 칭얼대며
울고 있다

빨간 외투의 여인이 은빛 갈대밭을 헤치며
복사꽃 소녀로 돌아가 콧노래를 부를 때
가을바람은 저항하듯 가냘픈 허리 춤을 추며
고개를 흔든다

저 멀리 강둑에 나그네는
가버린 세월이 아쉬운 듯
조용하게 흐르는
강물조차 묶어 놓고 싶을까

목포항에서

방파제에 어둠이 내리고
멀리 저녁노을이 한 폭의 그림을 그려 놓고
아쉬운 작별을 고하네

겨울 찬바람에 성난 파도는 삼킬 듯이
달려와 소리치는 아우성

여름날의 수많은 사람들 자취를 감추고
인적 없는 겨울 바다는 파도 소리만 요란하여라
어디론가 바쁘게 달려가는 배 한 척 뱃고동 소리만
목포항의 적막을 깨뜨린다

반월 호수

아침 물안개 하얗게 피어오르면
물새들이 한가롭게 건반을 밟으며
노닐던 잔잔한 호수

오랜 가뭄 끝에 벌거벗은 몸을 수줍게
드러내고 있을 때
소낙비 한줄기라도 지나가기를
얼마나 갈망했던가

야속한 하늘만 올려다보던 순간
빗방울이 후두두 떨어져 호수는
너울춤으로 휘파람을 분다

붉은 저녁노을은 호수에 비친
아름다운 풍경을 보고 환하게 웃으며
서산으로 뉘엿뉘엿 넘어가네

월미도 저녁노을

추적추적 비가 내리는 오후
커피 향 진한 카페에 비스듬히 앉아
창밖을 바라본다

비바람이 불고 간 바다는 파도가
넘실넘실 어깨춤을 추고
갈매기 떼 한가롭게 날개 치며
하늘 높이 나는 모습 장관을 이룬다

서쪽 하늘엔 아름다운 노을이
붉은 양탄자를 깔아 놓고
삶의 무거운 수레를 끌고 가는
나그네의 발걸음을 멈추게 한다

창가에 기대어 노을을 바라보며
약속이라도 하듯이 벌떡 일어나
감탄과 무언의 눈빛을 마주하며
저녁노을에 지그시 눈을 감고
황홀감에 빠져드는 순간이 행복하다

다대포 해변에서

푸른 바다 위에 혜성처럼 나타나
붉은 물감을 풀어 헤치는 당신은 누구인가

뜨거운 태양이 쏟아지는 다대포 해변
수많은 인파들 파도를 타며 왁자지껄
행복한 웃음이 데굴데굴 굴러와
내 가슴에 안기네

야릇한 포즈를 취하며 까맣게
세월을 망각한 여인은 붉고 고운 날에
추억을 꺼내 보며

서산마루에 걸터앉은 노을이
작별을 고하는 시간 머리카락 날리며
말없이 묵묵히 해변을 걷고 있는
여인의 뒷모습이 쓸쓸하다

왕송 호수

창가에 앉아 얼어붙은 호수를 바라본다
아무도 찾아오지 않은 쓸쓸한 호수 안에
오리 떼 먹이를 찾아 나서고
칼바람에 나부끼는 갈대의 울음소리

하얀 눈이 펑펑 쏟아지는 왕송 호수를
그려 보면 너무 아름다울 것 같아
누군가와 손잡고 걷고 싶다

아무 말없이 그냥 걷기만 하여도
행복할 것 같은 호수
냉가슴 차라리 침묵을 지키고
앙상한 나뭇가지 사이로 흩날리는
눈보라 속을 걷고 싶다

해운대

겨울 칼바람이 파도를 몰고 와
철썩 쏴아 소리치는 아우성

모래톱을 할퀴고 달아나는 파도
빛바랜 추억 한 장 꺼내 놓고

밀려가고 밀려오는 파도를 바라보며
저항하는 그대에게 손수건을 내미는
파도가 하고픈 말은 무엇일까

성난 파도가 삼킬 듯이 달려오는
거친 숨소리
수평선 너머로 어디론가 떠나가는 배

검푸른 물 위를 날으는 갈매기 울음소리에
한 곡조 노래를 부르는 순간 낭만과
희열을 느끼며 가슴에 쌓인 담장을
허물어 버렸네

밀양 영남루에서

학창 시절 영남루의 추억은 아름답다
아랑의 전설 따라 대밭 길 걸으면
어느새 소슬바람이 반갑게 가슴에 안겼지

풋풋했던 그날들이 주마등처럼
지나가고 가슴속에 남은 것은
빛바랜 추억들만 남는다

밀양을 떠나온 지 얼마인가
사람도 떠나고 인심도 변하고
오직 변하지 않은 것은
영남루 웅장한 누각뿐이네

남한강에서

유유히 흐르는 강줄기 주변엔
가을이 물들고 있다
강물에 돛단배 사공의 노랫가락에
갈대도 덩달아 흥이나 가녀린 허리를
흔들며 춤을 추고 있네

어디선가 불쑥 나타난 연인들
온갖 포즈를 취하며 추억을 쌓고
뇌리 속으로 신기루처럼 지나가는 풍경

그리움의 구슬을 주렁주렁 끼워 보며
반짝이는 여울목에서 불러 보는 그 이름

궁평항에서

살랑살랑 춤추는 봄바람
파도를 잠재우고 아무도 없는
해변을 홀로 걸어 본다

파도처럼 밀려왔다 밀려가는 상념들
홀로 걸어도 외롭지 않는 것은
그리웠던 파도 소리 때문일까

갈매기가 날아와 울지 않고
칼바람이 떠나간 바다는 고요하다

궁평항 검푸른 물위에 여울살
눈부시도록 반짝이는 한나절
백사장을 걸으며 어설픈 포즈를 취해 본다

화개공원 전망대

뿌연 안개 속에 숨어 있는 북녘 땅
손을 내밀면 닿을 것 같은 고향 마을
실향민들은 얼마나 그리워하며 살았을까

산새들은 밤낮으로 남북으로
자유롭게 날아다니는데
갈 수 없는 고향을 바라보며
목 놓아 울어 버린 노파의 서러움

산천은 돌고 돌아 변하고
인생은 흐르는 세월에
고요히 잠들어 버린 바다 건너
북녘 땅의 사람들

전망대에서 소리쳐 불러 봐도
메아리만 다시 돌아올 뿐
살아서 고향 땅을 밟고 싶은 실향민들의
애달픔이여

마음을
흔드는
가을

발행 I 2024년 12월 31일
지은이 I 장영순
펴낸이 I 김명덕
펴낸곳 I 한강출판사
홈페이지 I www.mhspace.co.kr
등록 I 1988년 1월 15일(제8-39호)
주소 I 서울특별시 종로구 인사동11길 16, 303호(대형빌딩)
전화 02-735-4257, 734-4283   팩스 02-739-4285

값 11,000원

ISBN 978-89-5794-581-0 04810
      978-89-88440-00-1 (세트)

※저자와의 협약에 의해 인지는 생략합니다.
※이 책의 저작권은 저자와 본 출판사에 있습니다.